Impressum
Verlag: BABADADA GmbH, Nedderfeld 112 , 22529 Hamburg
Geschäftsführer / Verlagsleitung: Harald Hof
Druck: Books on Demand GmbH, In de Tarpen 42, 22848 Norderstedt

Imprint
Publisher: BABADADA GmbH, Nedderfeld 112 , 22529 Hamburg, Germany
Managing Director / Publishing direction: Harald Hof
Print: Books on Demand GmbH, In de Tarpen 42, 22848 Norderstedt, Germany

skola

die Schule

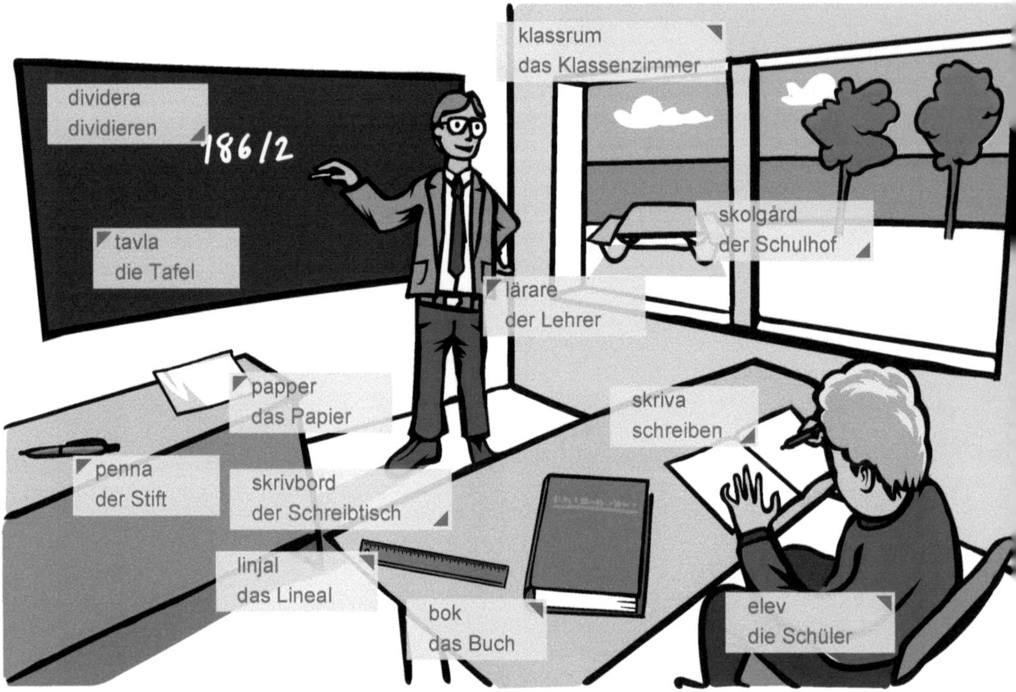
klassrum
das Klassenzimmer
dividera
dividieren
186/2
tavla
die Tafel
skolgård
der Schulhof
lärare
der Lehrer
papper
das Papier
skriva
schreiben
penna
der Stift
skrivbord
der Schreibtisch
linjal
das Lineal
bok
das Buch
elev
die Schüler

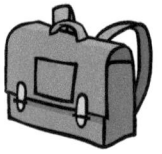

skolväska

der Ranzen

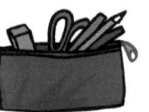

pennfodral

die Federmappe

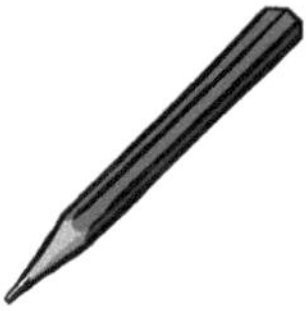

blyertspenna

der Bleistift

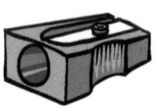

pennvässare

der Bleistiftanspitzer

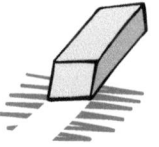

suddgummi

das Radiergummi

ritblock

der Zeichenblock

teckning

die Zeichnung

pensel

der Pinsel

målarlåda

der Malkasten

sax

die Schere

lim

der Klebstoff

övningsbok

das Übungsheft

hemläxa

die Hausaufgabe

tal

die Zahl

addera

addieren

subtrahera

subtrahieren

multiplicera

multiplizieren

räkna

rechnen

A

bokstav

der Buchstabe

ABCDEFG
HIJKLMN
OPQRSTU
VWXYZ

alfabet

das Alphabet

ord

das Wort

text

der Text

läsa

lesen

krita

die Kreide

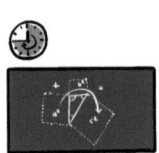

lektion

die Stunde

register

das Klassenbuch

prov

die Prüfung

intyg

das Zeugnis

skoluniform

die Schuluniform

utbildning

die Ausbildung

uppslagsverk

das Lexikon

universitet

die Universität

mikroskop

das Mikroskop

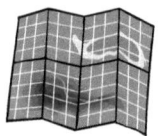

karta

die Karte

papperskorg

der Papierkorb

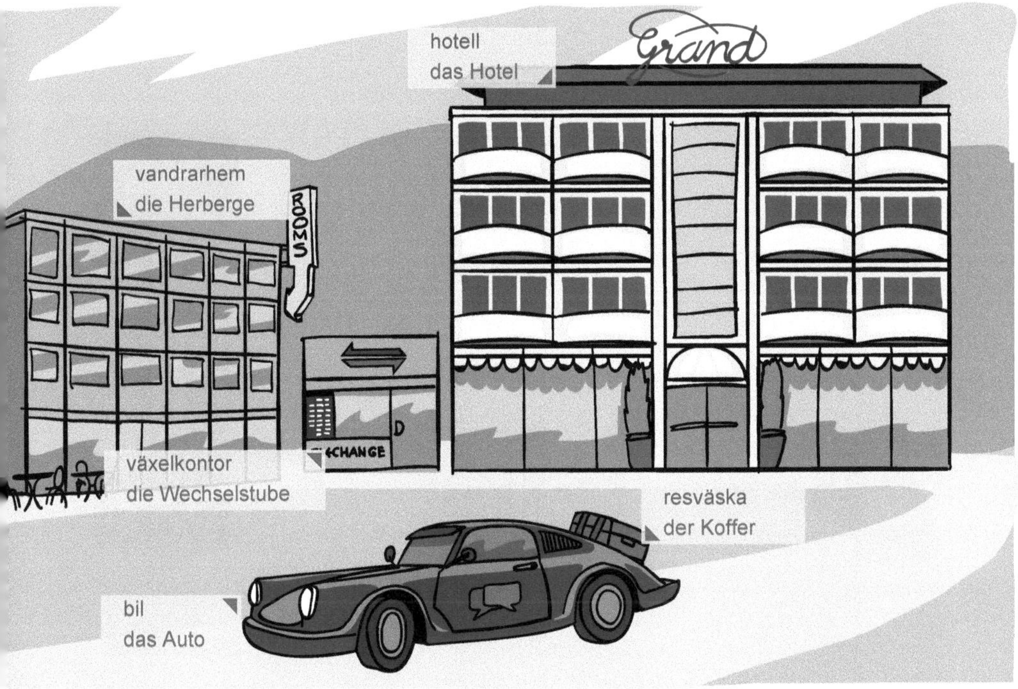

hotell
das Hotel
Grand
vandrarhem
die Herberge
ROOMS
EXCHANGE
växelkontor
die Wechselstube
resväska
der Koffer
bil
das Auto

språk

die Sprache

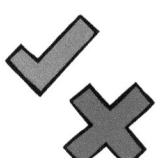

ja / nej

ja / nein

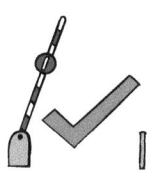

Okay

Okay

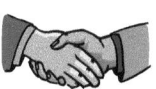

hej

Hallo

översättare

der Übersetzer

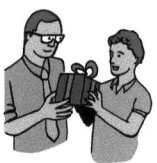

Tack

Danke

hur mycket kostar...?

Was kostet...?

jag förstår inte

Ich verstehe nicht

problem

das Problem

God kväll!

Guten Abend!

God morgon!

Guten Morgen!

God natt!

Gute Nacht!

hejdå

Auf Wiedersehen

riktning

die Richtung

bagage

das Gepäck

väska

die Tasche

ryggsäck

der Rucksack

gäst

der Gast

rum

das Zimmer

sovsäck

der Schlafsack

tält

das Zelt

turistinformation

die Touristeninformation

strand

der Strand

kreditkort

die Kreditkarte

frukost

das Frühstück

lunch

das Mittagessen

middag

das Abendessen

biljett

die Fahrkarte

hiss

der Fahrstuhl

frimärke

die Briefmarke

gräns

die Grenze

tull

der Zoll

ambassad

die Botschaft

visum

das Visum

pass

der Pass

resa - die Reise

transport

der Transport

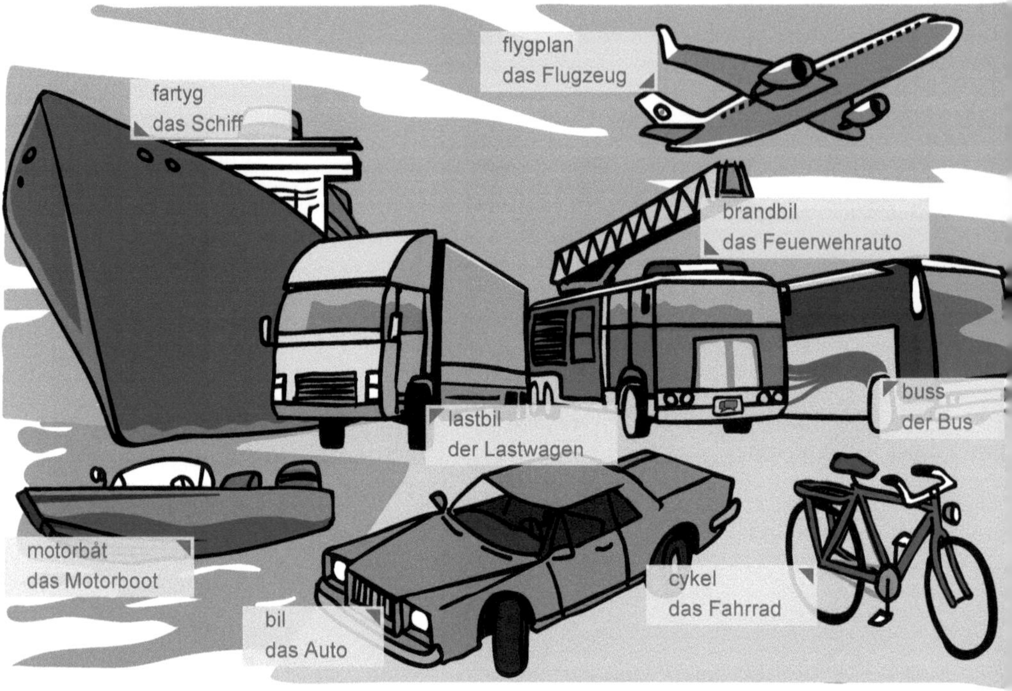
flygplan
das Flugzeug
fartyg
das Schiff
brandbil
das Feuerwehrauto
buss
der Bus
lastbil
der Lastwagen
motorbåt
das Motorboot
cykel
das Fahrrad
bil
das Auto

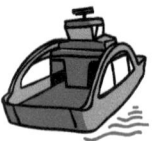

färja

die Fähre

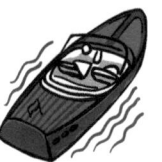

båt

das Boot

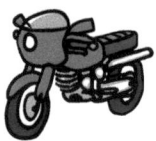

motorcykel

das Motorrad

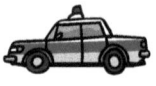

polisbil

das Polizeiauto

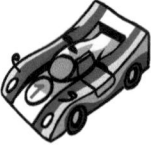

racerbil

das Rennauto

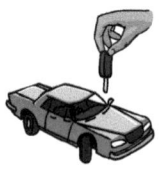

hyrbil

der Mietwagen

bilpool

das Carsharing

bärgningsbil

der Abschleppwagen

sopbil

das Müllauto

motor

der Motor

bränsle

der Kraftstoff

bensinstation

die Tankstelle

vägmärke

das Verkehrsschild

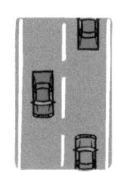

trafik

der Verkehr

bilkö

der Stau

parkeringsplats

der Parkplatz

tågstation

der Bahnhof

räls

die Schienen

tåg

der Zug

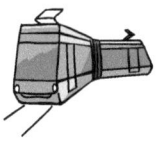

spårvagn

die Straßenbahn

vagn

der Wagon

helikopter
der Helikopter

flygplats
der Flughafen

torn
der Tower

passagerare
der Passagier

container
der Container

kartong
der Karton

vagn
der Karren

korg
der Korb

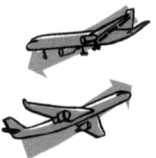

starta / landa
starten / landen

stad

die Stadt

by
das Dorf

centrum
das Stadtzentrum

hus
das Haus

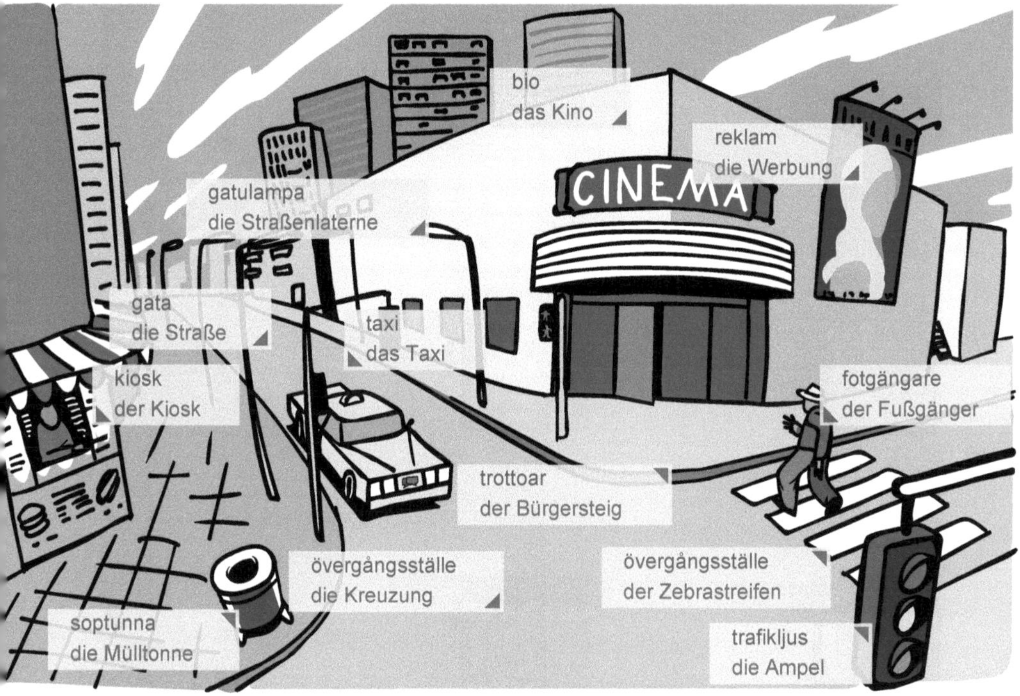
bio
das Kino
reklam
die Werbung
CINEMA
gatulampa
die Straßenlaterne
gata
die Straße
taxi
das Taxi
kiosk
der Kiosk
fotgängare
der Fußgänger
trottoar
der Bürgersteig
övergångsställe
die Kreuzung
övergångsställe
der Zebrastreifen
soptunna
die Mülltonne
trafikljus
die Ampel

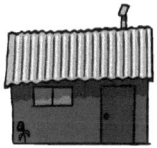

stuga

die Hütte

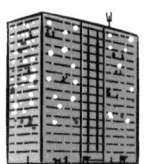

lägenhet

die Wohnung

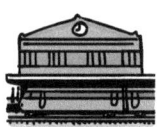

tågstation

der Bahnhof

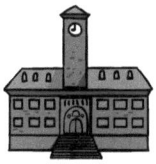

stadshus

das Rathaus

MUSEUM

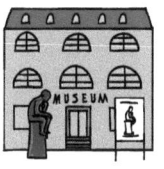

museum

das Museum

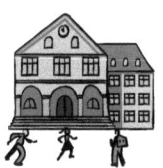

skola

die Schule

universitet

die Universität

bank

die Bank

sjukhus

das Krankenhaus

hotell

das Hotel

apotek

die Apotheke

kontor

das Büro

bokhandel

die Buchhandlung

affär

das Geschäft

blomsterbutik

der Blumenladen

stormarknad

der Supermarkt

marknad

der Markt

varuhus

das Kaufhaus

fiskhandlare

der Fischhändler

köpcentrum

das Einkaufszentrum

hamn

der Hafen

stad - die Stadt

park

der Park

bänk

die Bank

brygga

die Brücke

trappa

die Treppe

tunnelbana

die U-Bahn

tunnel

der Tunnel

busshållplats

die Bushaltestelle

bar

die Bar

restaurang

das Restaurant

brevlåda

der Briefkasten

gatuskylt

das Straßenschild

parkeringsautomat

die Parkuhr

zoo

der Zoo

simbassäng

die Badeanstalt

moské

die Moschee

bondgård
der Bauernhof

förorening
die Umweltverschmutzung

kyrkogård
der Friedhof

kyrka
die Kirche

lekplats
der Spielplatz

tempel
der Tempel

landskap
die Landschaft

löv
das Blatt

vägskylt
der Wegweiser

väg
der Weg

äng
die Wiese

sten
der Stein

liftare
der Wanderer

träd
der Baum

flod
der Fluss

gräs
das Gras

blomma
die Blume

dal
das Tal

kulle
der Berg

sjö
der See

skog
der Wald

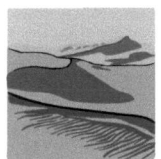

öken
die Wüste

vulkan
der Vulkan

slott
das Schloss

regnbåge
der Regenbogen

svamp
der Pilz

palm
die Palme

mygga
der Moskito

fluga
die Fliege

myra
die Ameise

bi
die Biene

spindel
die Spinne

landskap - die Landschaft

skalbagge

der Käfer

groda

der Frosch

ekorre

das Eichhörnchen

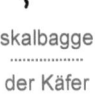

igelkott

der Igel

hare

der Hase

uggla

die Eule

fågel

die Vogel

svan

der Schwan

vildsvin

das Wildschwein

rådjur

der Hirsch

älg

der Elch

damm

der Staudamm

vindkraftverk

das Windrad

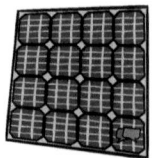

solcellspanel

das Solarmodul

klimat

das Klima

landskap - die Landschaft

restaurang
das Restaurant

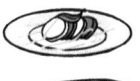

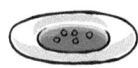

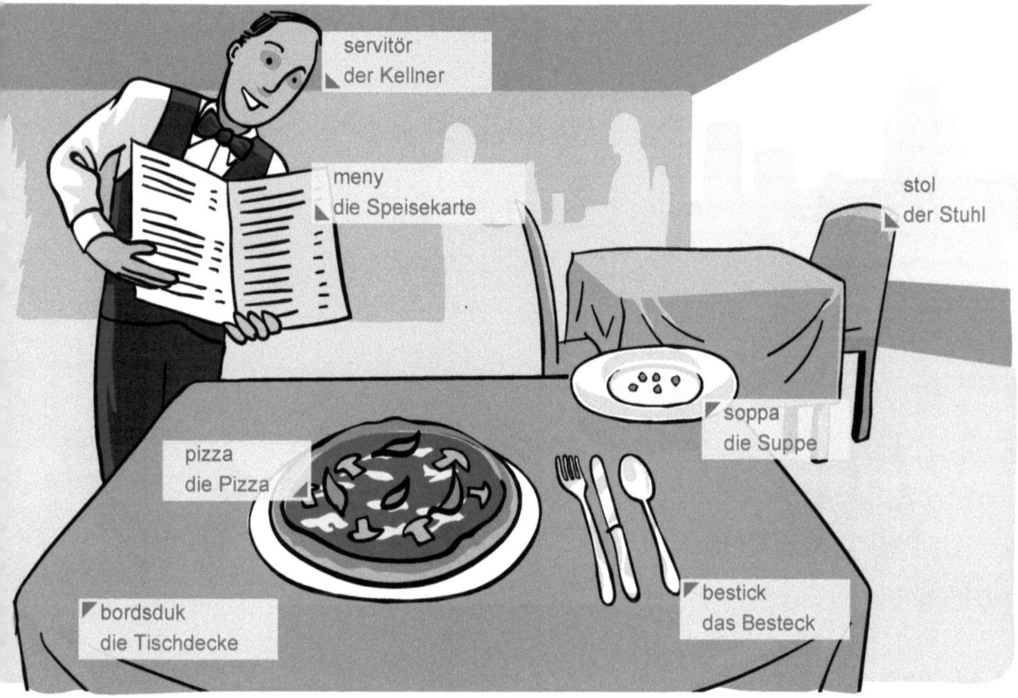
servitör
der Kellner
meny
die Speisekarte
stol
der Stuhl
soppa
die Suppe
pizza
die Pizza
bestick
das Besteck
bordsduk
die Tischdecke

förrätt
die Vorspeise

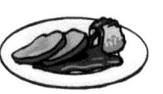

huvudrätt
das Hauptgericht

dessert
die Nachspeise

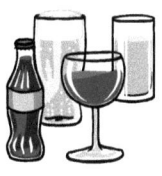

drycker
die Getränke

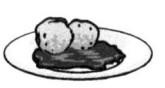

mat
das Essen

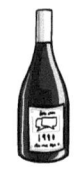

flaska
die Flasche

snabbmat

das Fastfood

street food

das Streetfood

tekanna

die Teekanne

sockerskål

die Zuckerdose

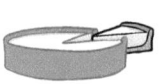

portion

die Portion

espressomaskin

die Espressomaschine

barnstol

der Hochstuhl

räkning

die Rechnung

bricka

das Tablett

kniv

das Messer

gaffel

die Gabel

sked

der Löffel

tesked

der Teelöffel

servett

die Serviette

glas

das Glas

restaurang - das Restaurant

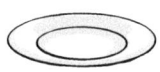

tallrik
der Teller

sopptallrik
der Suppenteller

tefat
die Untertasse

sås
die Sauce

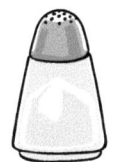

saltkar
der Salzstreuer

pepparkvarn
die Pfeffermühle

vinäger
der Essig

olja
das Öl

kryddor
die Gewürze

ketchup
das Ketchup

senap
der Senf

majonnäs
die Mayonnaise

stormarknad
der Supermarkt

specialerbjudande
das Angebot
FOR
kund
der Kunde
mejeriprodukter
die Milchprodukte
frukt
das Obst
varukorg
der Einkaufswagen

BUTCHERS

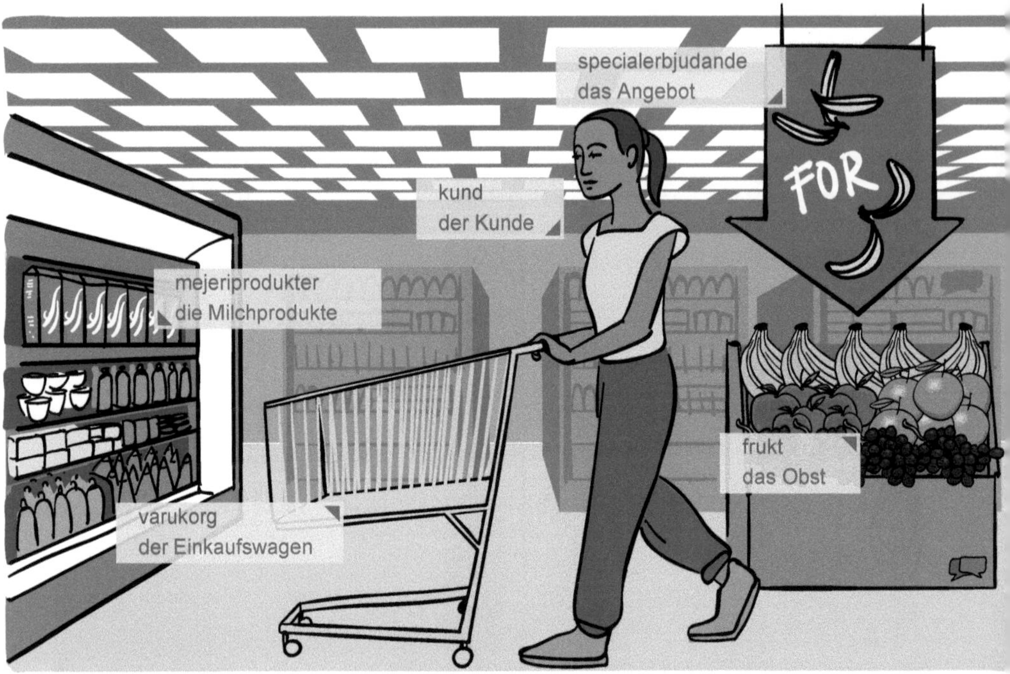

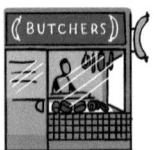

charkuteri

die Schlachterei

BAKERY

bageri

die Bäckerei

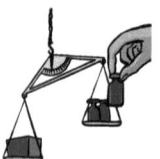

väga

wiegen

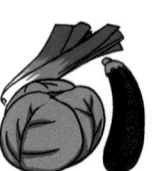

grönsaker

das Gemüse

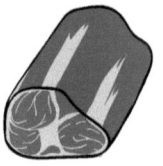

kött

das Fleisch

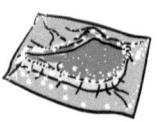

frysta livsmedel

die Tiefkühlkost

pålägg

der Aufschnitt

konserver

die Konserven

tvättmedel

das Waschmittel

godis

die Süßigkeiten

hushållsprodukter

die Haushaltsartikel

rengöringsmedel

das Reinigungsmittel

försäljare

die Verkäuferin

kassa

die Kasse

kassör

der Kassierer

inköpslista

die Einkaufsliste

öppettider

die Öffnungszeiten

plånbok

die Brieftasche

kreditkort

die Kreditkarte

väska

die Tasche

plastpåse

die Plastiktüte

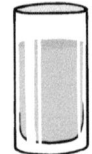

vatten

das Wasser

juice

der Saft

mjölk

die Milch

cola

die Cola

vin

der Wein

öl

das Bier

alkohol

der Alkohol

kakao

der Kakao

te

der Tee

kaffe

der Kaffee

espresso

der Espresso

cappuccino

der Cappuccino

banan

die Banane

äpple

der Apfel

apelsin

die Orange

melon

die Melone

citron

die Zitrone

morot

die Karotte

vitlök

der Knoblauch

bambu

der Bambus

lök

die Zwiebel

svamp

der Pilz

nötter

die Nüsse

nudlar

die Nudeln

spaghetti

die Spaghetti

ris

der Reis

sallad

der Salat

pommes frites

die Pommes frites

stekt potatis

die Bratkartoffeln

pizza

die Pizza

hamburgare

der Hamburger

smörgås

das Sandwich

schnitzel

das Schnitzel

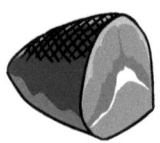

skinka

der Schinken

salami

die Salami

korv

die Wurst

kyckling

das Huhn

stek

der Braten

fisk

der Fisch

havregryn
die Haferflocken

müsli
das Müsli

cornflakes
die Cornflakes

mjöl
das Mehl

croissant
das Croissant

fralla
das Brötchen

bröd
das Brot

rostat bröd
der Toast

kex
die Kekse

smör
die Butter

kvarg
der Quark

kaka
der Kuchen

ägg
das Ei

stekt ägg
das Spiegelei

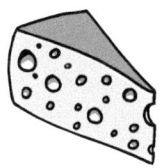

ost
der Käse

glass
....
die Eiscreme

socker
....
der Zucker

honung
....
der Honig

sylt
....
die Marmelade

nougatkräm
....
die Nougat-Creme

curry
....
das Curry

bondgård
der Bauernhof

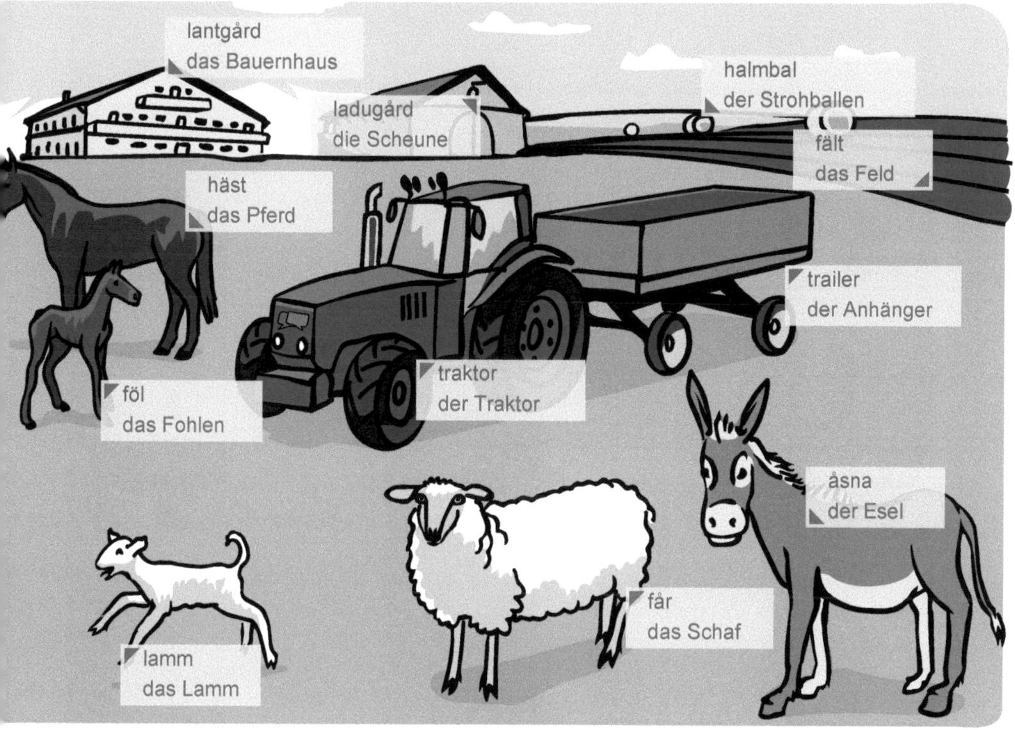
lantgård
das Bauernhaus
ladugård
die Scheune
halmbal
der Strohballen
fält
das Feld
häst
das Pferd
trailer
der Anhänger
föl
das Fohlen
traktor
der Traktor
åsna
der Esel
får
das Schaf
lamm
das Lamm

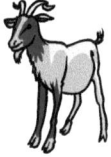

get
die Ziege

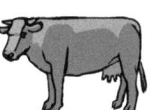

ko
die Kuh

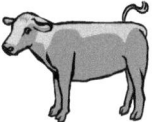

kalv
das Kalb

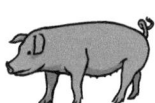

gris
das Schwein

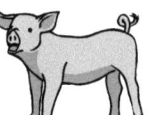

griskulting
das Ferkel

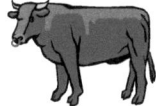

tjur
der Bulle

gås
die Gans

anka
die Ente

kyckling
das Küken

höna
das Huhn

tupp
der Hahn

råtta
die Ratte

katt
die Katze

mus
die Maus

oxe
der Ochse

hund
der Hund

hundkoja
die Hundehütte

trädgårdsslang
der Gartenschlauch

vattenkanna
die Gießkanne

lie
die Sense

plog
der Pflug

skära

die Sichel

hacka

die Hacke

högaffel

die Mistgabel

yxa

die Axt

skottkärra

die Schubkarre

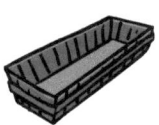

tråg

der Trog

mjölkflaska

die Milchkanne

säck

der Sack

staket

der Zaun

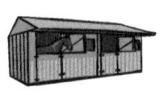

stall

der Stall

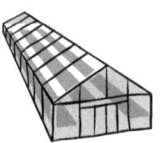

växthus

das Treibhaus

jord

der Boden

säd

die Saat

gödsel

der Dünger

skördetröska

der Mähdrescher

skörda

ernten

skörd

die Ernte

jams

die Yamswurzel

vete

der Weizen

soja

das Soja

potatis

die Kartoffel

majs

der Mais

raps

der Raps

fruktträd

der Obstbaum

maniok

der Maniok

spannmål

das Getreide

hus
das Haus

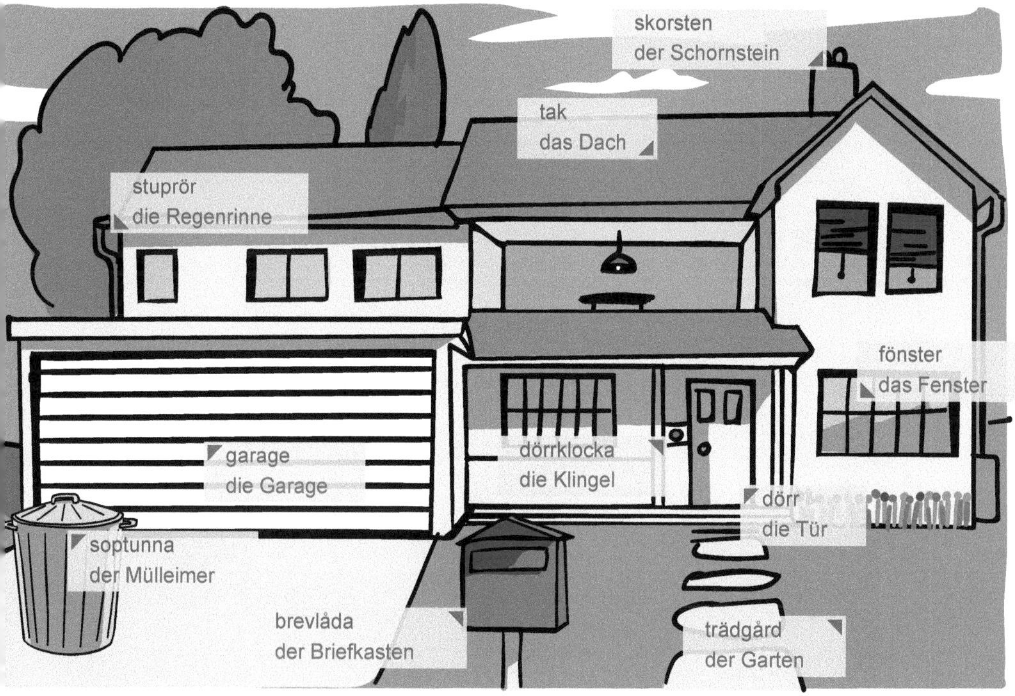

skorsten
der Schornstein
tak
das Dach
stupрör
die Regenrinne
fönster
das Fenster
garage
die Garage
dörrklocka
die Klingel
dörr
die Tür
soptunna
der Mülleimer
brevlåda
der Briefkasten
trädgård
der Garten

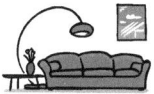

vardagsrum
das Wohnzimmer

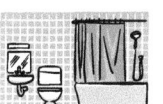

badrum
das Badezimmer

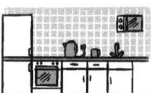

kök
die Küche

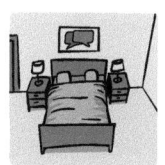

sovrum
das Schlafzimmer

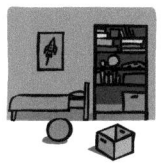

barnrum
das Kinderzimmer

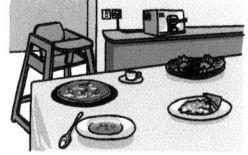

matsal
das Esszimmer

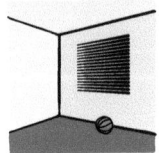

golv
der Boden

vägg
die Wand

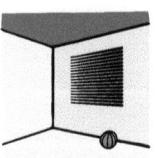

tak
die Decke

källare
der Keller

bastu
die Sauna

balkong
der Balkon

terrass
die Terrasse

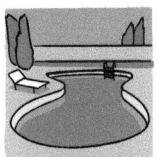

bassäng
das Schwimmbad

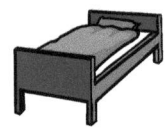

gräsklippare
der Rasenmäher

lakan
der Bettbezug

överkast
die Bettdecke

säng
das Bett

kvast
der Besen

hink
der Eimer

strömbrytare
der Schalter

vardagsrum
das Wohnzimmer

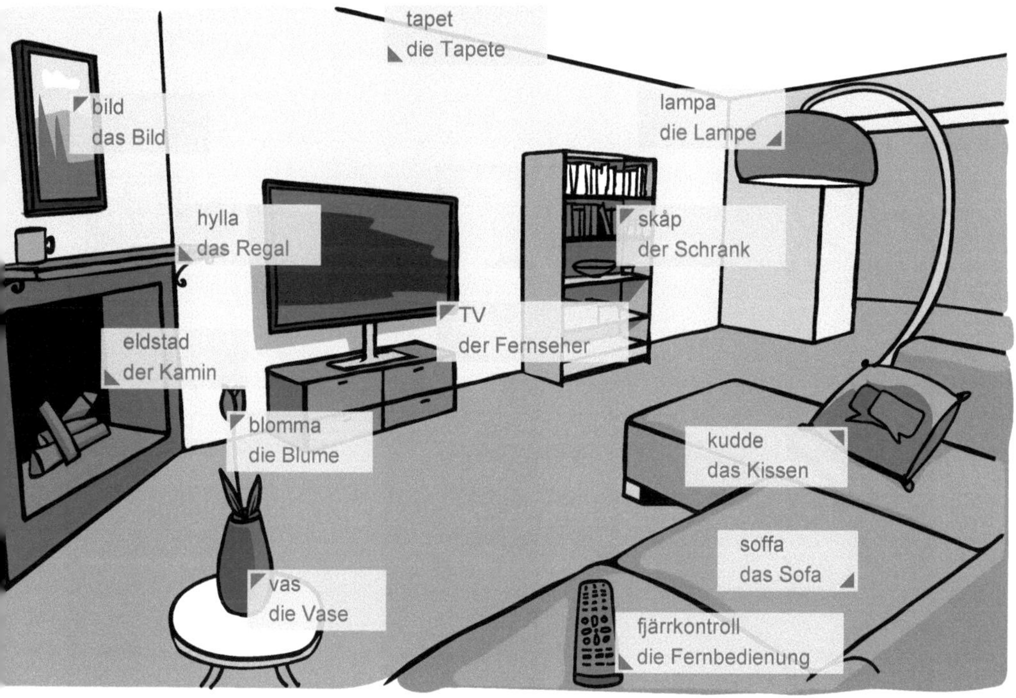
tapet
die Tapete
bild
das Bild
lampa
die Lampe
hylla
das Regal
skåp
der Schrank
TV
der Fernseher
eldstad
der Kamin
blomma
die Blume
kudde
das Kissen
soffa
das Sofa
vas
die Vase
fjärrkontroll
die Fernbedienung

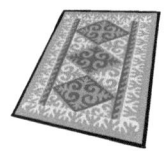

matta
der Teppich

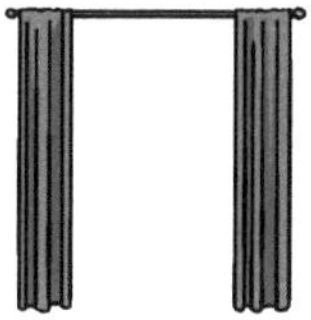

gardin
der Vorhang

bord
der Tisch

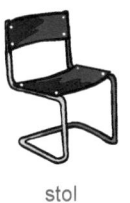

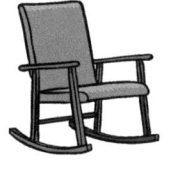

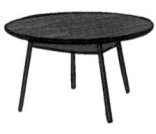

stol
der Stuhl

gungstol
der Schaukelstuhl

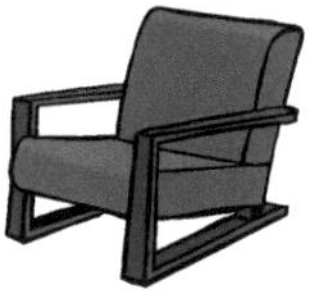

fåtölj
der Sessel

bok
....
das Buch

filt
....
die Decke

dekoration
....
die Dekoration

vedträ
....
das Feuerholz

film
....
der Film

stereoanläggning
....
die Stereoanlage

nyckel
....
der Schlüssel

dagstidning
....
die Zeitung

målning
....
das Gemälde

poster
....
das Poster

radio
....
das Radio

anteckningsbok
....
der Notizblock

dammsugare
....
der Staubsauger

kaktus
....
der Kaktus

stearinljus
....
die Kerze

kök
die Küche

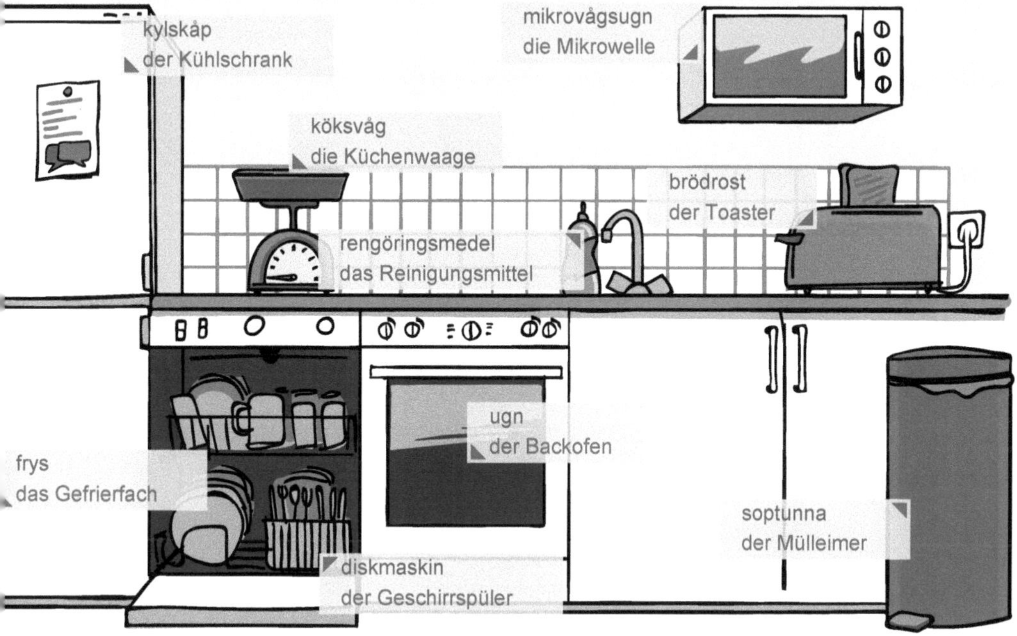
kylskåp
der Kühlschrank
mikrovågsugn
die Mikrowelle
köksvåg
die Küchenwaage
brödrost
der Toaster
rengöringsmedel
das Reinigungsmittel
ugn
der Backofen
frys
das Gefrierfach
soptunna
der Mülleimer
diskmaskin
der Geschirrspüler

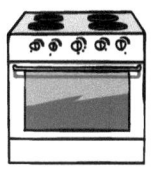

spis
der Herd

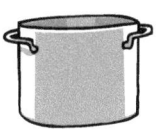

kastrull
der Topf

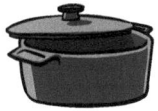

järngryta
der Eisentopf

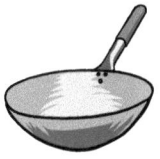

wok / kadai
der Wok / Kadai

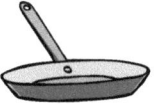

stekpanna
die Pfanne

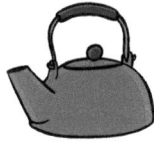

vattenkokare
der Wasserkocher

ångkokare

der Dampfgarer

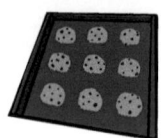

bakplåt

das Backblech

porslin

das Geschirr

mugg

der Becher

skål

die Schale

ätpinnar

die Essstäbchen

soppslev

die Suppenkelle

stekspade

der Pfannenwender

visp

der Schneebesen

durkslag

das Kochsieb

sil

das Sieb

rivjärn

die Reibe

mortel

der Mörser

grill

der Grill

brasa

die Feuerstelle

skärbräda

das Schneidebrett

kavel

das Nudelholz

korkskruv

der Korkenzieher

burk

die Dose

burköppnare

der Dosenöffner

grytlapp

der Topflappen

vask

das Waschbecken

borste

die Bürste

svamp

der Schwamm

mixer

der Mixer

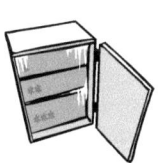

frys

die Gefriertruhe

nappflaska

die Babyflasche

kran

der Wasserhahn

badrum
das Badezimmer

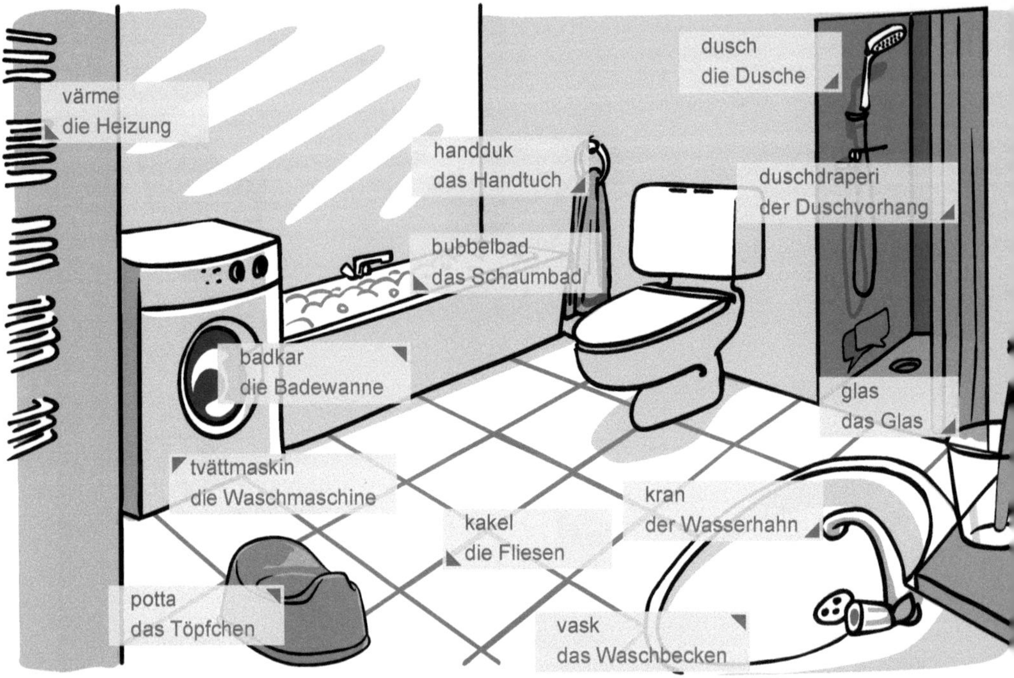

värme
die Heizung
dusch
die Dusche
handduk
das Handtuch
duschdraperi
der Duschvorhang
bubbelbad
das Schaumbad
badkar
die Badewanne
glas
das Glas
tvättmaskin
die Waschmaschine
kran
der Wasserhahn
kakel
die Fliesen
potta
das Töpfchen
vask
das Waschbecken

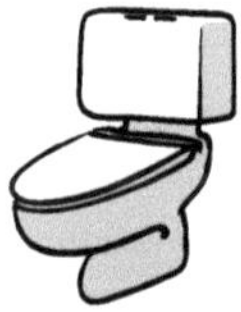

toalett

die Toilette

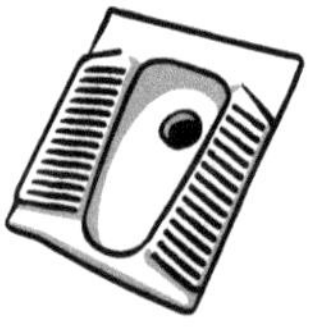

låg toalett

die Hocktoilette

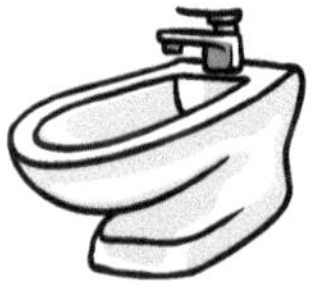

bidet

das Bidet

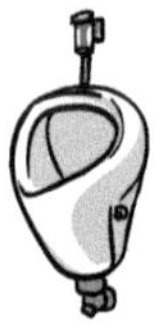

pissoar

das Pissoir

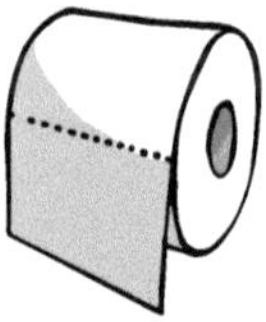

toalettpapper

das Toilettenpapier

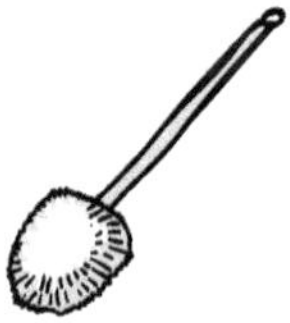

toalettborste

die Toilettenbürste

tandborste

die Zahnbürste

tandkräm

die Zahnpasta

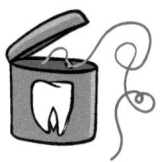

tandtråd

die Zahnseide

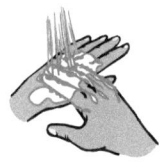

tvätta

waschen

handdusch

die Handbrause

intimdusch

die Intimdusche

handfat

die Waschschüssel

ryggborste

die Rückenbürste

tvål

die Seife

duschgel

das Duschgel

schampo

das Shampoo

trasa

der Waschlappen

avlopp

der Abfluss

crème

die Creme

deodorant

das Deodorant

spegel

der Spiegel

handspegel

der Kosmetikspiegel

rakhyvel

der Rasierer

raklödder

der Rasierschaum

rakvatten

das Rasierwasser

kam

der Kamm

borste

die Bürste

hårtork

der Föhn

hårspray

das Haarspray

smink

das Makeup

läppstift

der Lippenstift

nagellack

der Nagellack

bomullsvadd

die Watte

nagelsax

die Nagelschere

parfym

das Parfum

necessär
der Kulturbeutel

pall
der Hocker

våg
die Waage

badrock
der Bademantel

gummihandskar
die Gummihandschuhe

tampong
das Tampon

binda
die Damenbinde

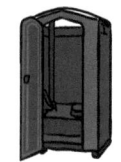

kemisk toalett
die Chemietoilette

barnrum
das Kinderzimmer

väckarklocka
der Wecker
gosedjur
das Kuscheltier
leksaksbil
das Spielzeugauto
skallra
die Rassel
dockhus
das Puppenhaus
present
das Geschenk

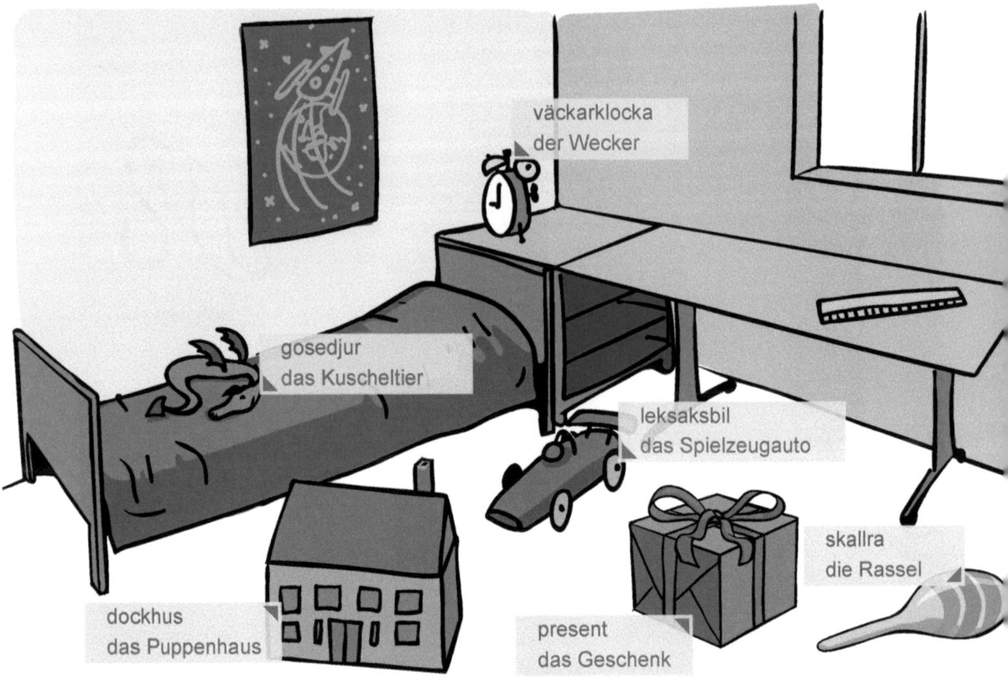

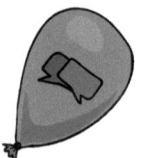

ballong
der Ballon

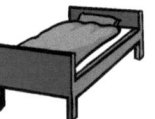

säng
das Bett

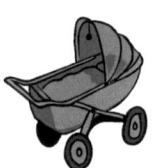

barnvagn
der Kinderwagen

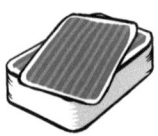

kortlek
das Kartenspiel

pussel
das Puzzle

SUPER
MEGA

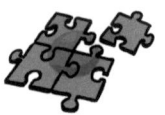

serietidning
der Comic

legobitar

die Legosteine

klossar

die Bausteine

actionfigur

die Action Figur

sparkdräkt

der Strampelanzug

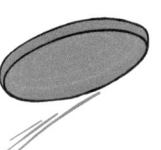

frisbee

das Frisbee

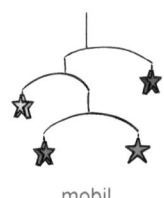

mobil

das Mobile

brädspel

das Brettspiel

tärning

der Würfel

modelljärnväg

die Modelleisenbahn

napp

der Schnuller

party

die Party

bilderbok

das Bilderbuch

boll

der Ball

docka

die Puppe

spela

spielen

sandlåda

der Sandkasten

gunga

die Schaukel

leksaker

das Spielzeug

spelkonsol

die Spielkonsole

trehjuling

das Dreirad

nalle

der Teddy

garderob

der Kleiderschrank

kläder
die Kleidung

sockar

die Socken

strumpor

die Strümpfe

tights

die Strumpfhose

halsduk
der Schal

bälte
der Gürtel

paraply
der Regenschirm

t-shirt
das T-Shirt

sneakers
die Turnschuhe

stövlar
der Stiefel

tofflor
die Hausschuhe

sandaler
die Sandalen

skor
die Schuhe

gummistövlar
die Gummistiefel

underbyxor
die Unterhose

BH
der Büstenhalter

linne
das Unterhemd

kläder - die Kleidung

body
der Body

byxor
die Hose

jeans
die Jeans

kjol
der Rock

blus
die Bluse

skjorta
das Hemd

pullover
der Pullover

sweater
der Kapuzenpullover

blazer
der Blazer

jacka
die Jacke

kappa
der Mantel

regnjacka
der Regenmantel

dräkt
das Kostüm

klänning
das Kleid

bröllopsklänning
das Hochzeitskleid

kostym
der Anzug

nattlinne
das Nachthemd

pyjamas
der Schlafanzug

sari
der Sari

slöja
das Kopftuch

turban
der Turban

burka
die Burka

kaftan
der Kaftan

abaya
die Abaya

baddräkt
der Badeanzug

badbyxor
die Badehose

shorts
die kurze Hose

träningsoverall
der Trainingsanzug

förkläde
die Schürze

handskar
die Handschuhe

knapp

der Knopf

glasögon

die Brille

armband

das Armband

halsband

die Halskette

ring

der Ring

örhänge

der Ohrring

mössa

die Mütze

galge

der Kleiderbügel

hatt

der Hut

slips

die Krawatte

dragkedja

der Reißverschluss

hjälm

der Helm

hängslen

der Hosenträger

skoluniform

die Schuluniform

uniform

die Uniform

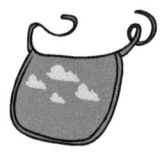

haklapp

das Lätzchen

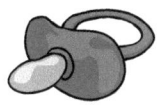

napp

der Schnuller

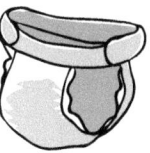

blöja

die Windel

kontor

das Büro

server
der Server
dokumentskåp
der Aktenschrank
skrivare
der Drucker
apper
as Papier
bildskärm
der Monitor
skrivbord
der Schreibtisch
mus
die Maus
mapp
der Ordner
tangentbord
die Tastatur
stol
der Stuhl
papperskorg
der Papierkorb
dator
der Computer

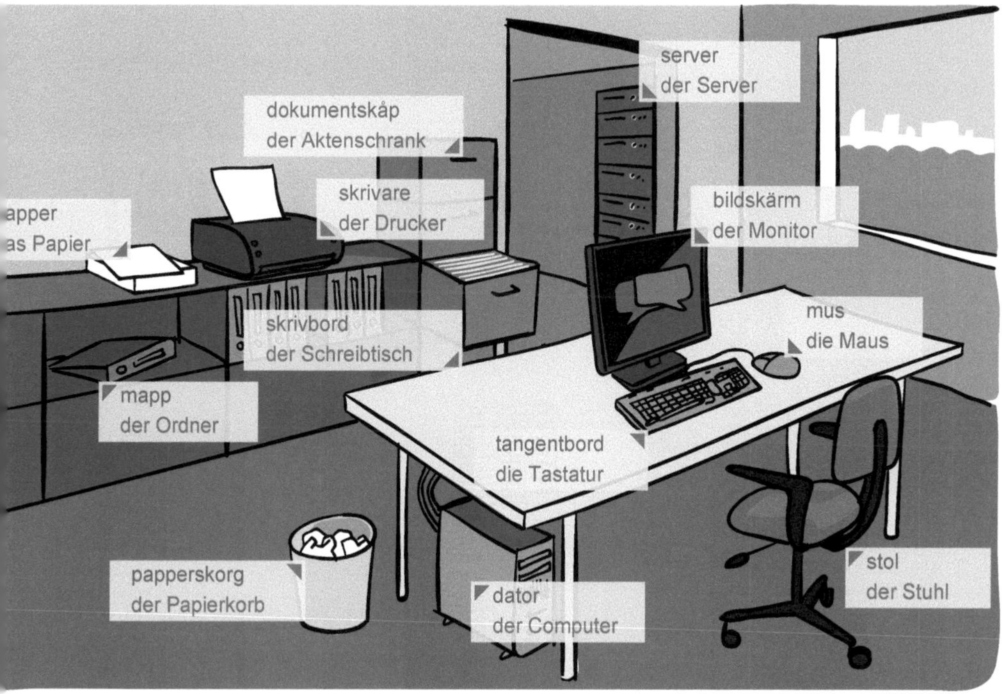

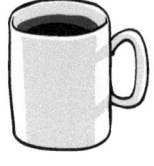

kaffemugg

der Kaffeebecher

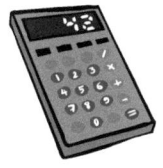

miniräknare

der Taschenrechner

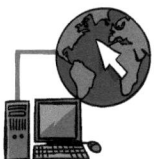

internet

das Internet

bärbar dator

der Laptop

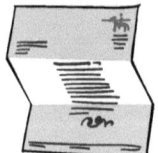

brev

der Brief

meddelande

die Nachricht

mobiltelefon

das Handy

nätverk

das Netzwerk

kopieringsapparat

der Kopierer

programvara

die Software

telefon

das Telefon

vägguttag

die Steckdose

fax

das Fax

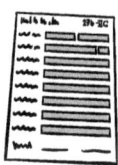

blankett

das Formular

dokument

das Dokument

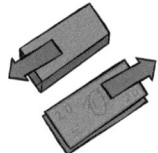

köpa

kaufen

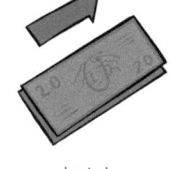

betala

bezahlen

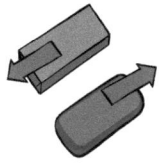

handla

handeln

pengar

das Geld

dollar

der Dollar

euro

der Euro

yen

der Yen

rubel

der Rubel

schweizisk franc

der Franken

renminbi yan

der Renminbi Yuan

rupie

die Rupie

bankomat

der Geldautomat

växelkontor

die Wechselstube

guld

das Gold

silver

das Silber

olja

das Öl

energi

die Energie

pris

der Preis

kontrakt

der Vertrag

skatt

die Steuer

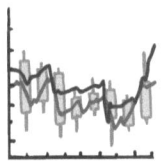

aktie

die Aktie

arbeta

arbeiten

anställd

der Angestellte

arbetsgivare

der Arbeitgeber

fabrik

die Fabrik

affär

das Geschäft

ekonomi - die Wirtschaft

yrken
die Berufe

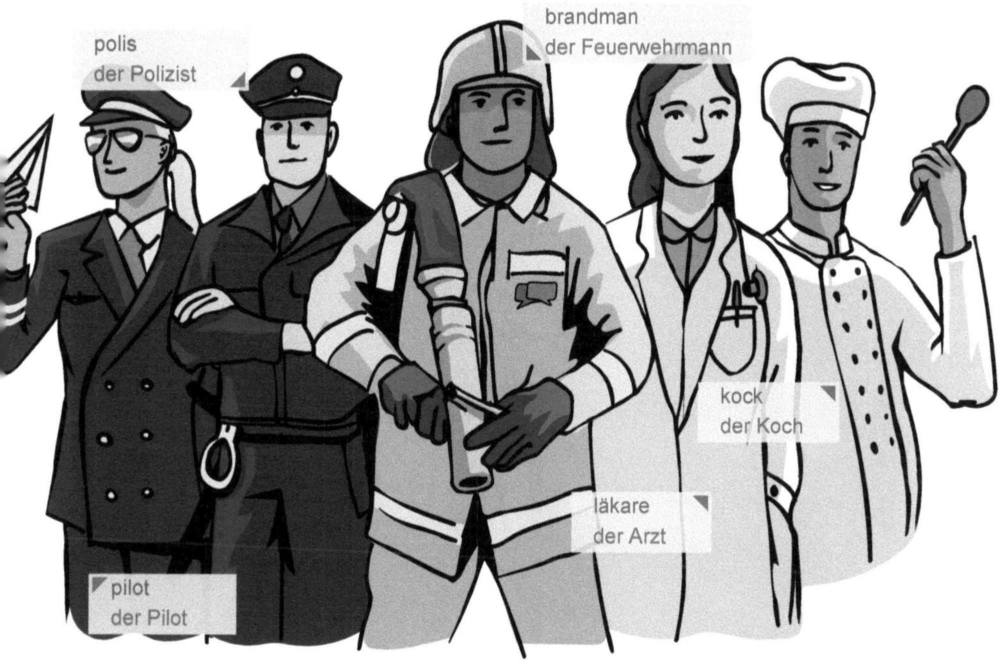
brandman
der Feuerwehrmann
polis
der Polizist
kock
der Koch
läkare
der Arzt
pilot
der Pilot

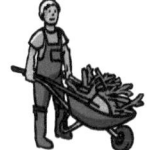

trädgårdsmästare

der Gärtner

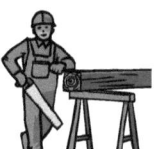

snickare

der Tischler

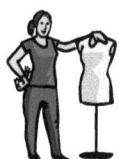

sömmerska

die Näherin

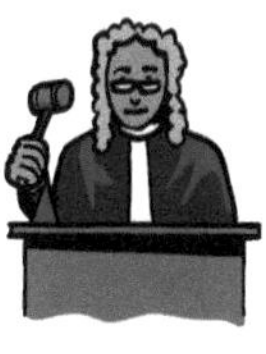

domare

der Richter

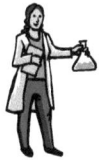

kemist

der Chemiker

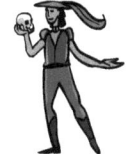

skådespelare

der Schauspieler

busschaufför

der Busfahrer

taxichaufför

der Taxifahrer

fiskare

der Fischer

städerska

die Putzfrau

takläggare

der Dachdecker

servitör

der Kellner

jägare

der Jäger

målare

der Maler

bagare

der Bäcker

elektriker

der Elektriker

byggarbetare

der Bauarbeiter

ingenjör

der Ingenieur

slaktare

der Schlachter

rörmokare

der Klempner

brevbärare

der Postbote

soldat
der Soldat

arkitekt
der Architekt

kassör
der Kassierer

florist
der Florist

frisör
der Friseur

konduktör
der Schaffner

mekaniker
der Mechaniker

kapten
der Kapitän

tandläkare
der Zahnarzt

vetenskapsman
der Wissenschaftler

rabbin
der Rabbi

imam
der Imam

munk
der Mönch

präst
der Geistliche

verktyg
die Werkzeuge

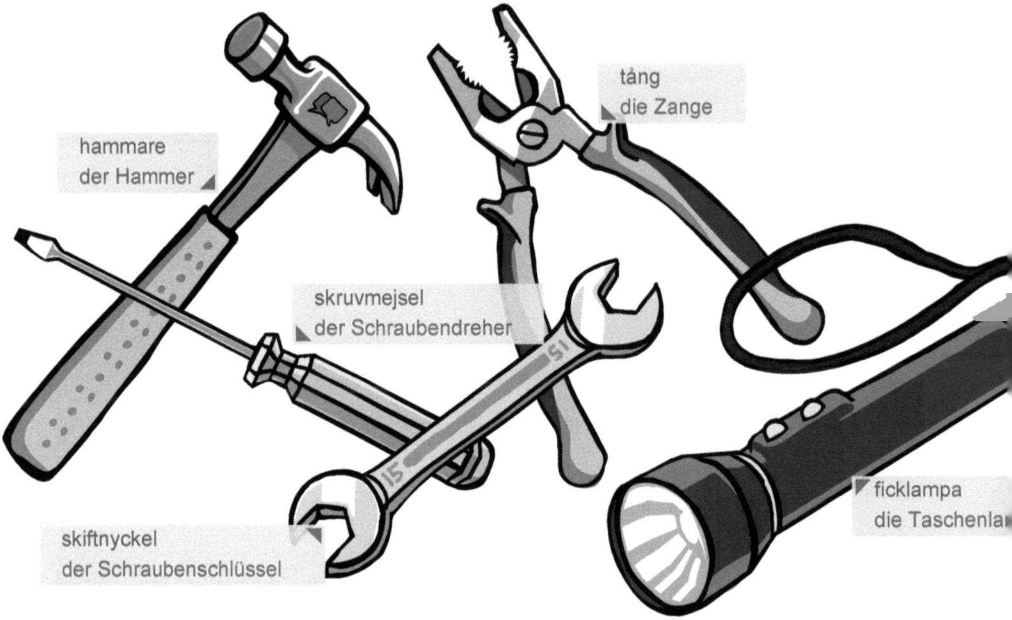
hammare
der Hammer
tång
die Zange
skruvmejsel
der Schraubendreher
ficklampa
die Taschenla
skiftnyckel
der Schraubenschlüssel

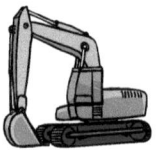

grävmaskin

der Bagger

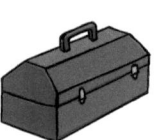

verktygslåda

der Werkzeugkasten

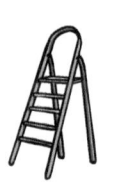

stege

die Leiter

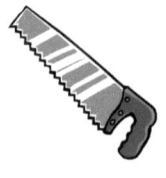

såg

die Säge

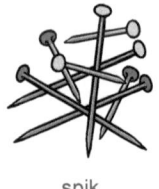

spik

die Nägel

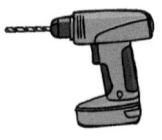

borr

der Bohrer

reparera
reparieren

spade
die Schaufel

Helvete!
Mist!

sopskyffel
das Kehrblech

färgburk
der Farbtopf

skruvar
die Schrauben

musikinstrument
die Musikinstrumente

trummor
das Schlagzeug

högtalare
der Lautsprecher

gitarr
die Gitarre

kontrabas
der Kontrabass

trumpet
die Trompete

piano

das Klavier

violin

die Violine

bas

der Bass

timpani

die Pauke

trumma

die Trommeln

keyboard

das Keyboard

saxofon

das Saxophon

flöjt

die Flöte

mikrofon

das Mikrofon

musikinstrument - die Musikinstrumente

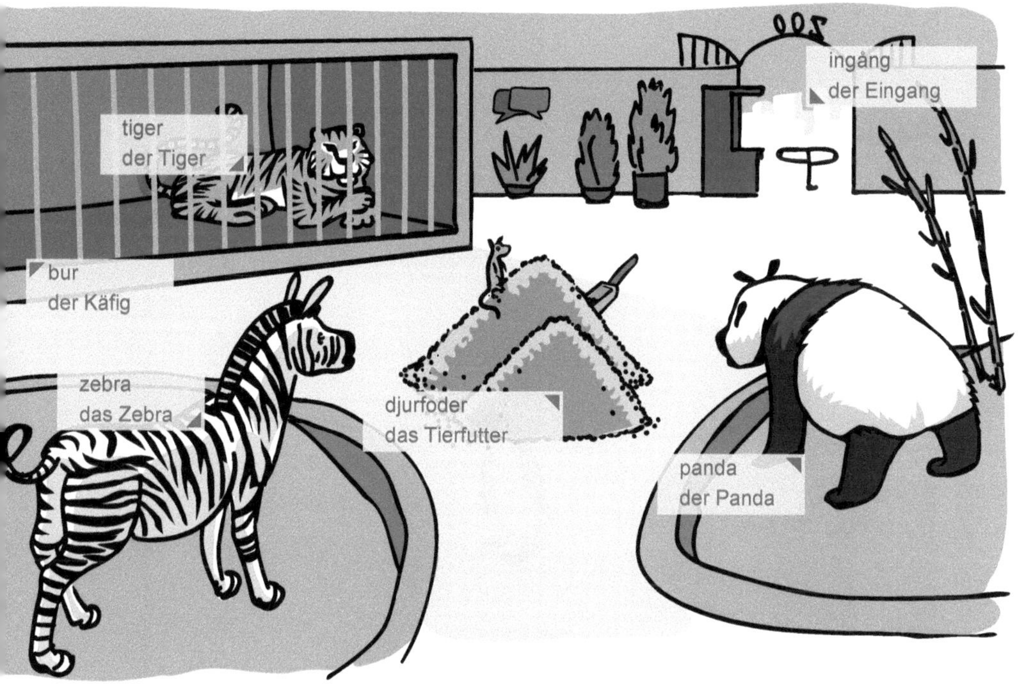

ingång
der Eingang

tiger
der Tiger

bur
der Käfig

zebra
das Zebra

djurfoder
das Tierfutter

panda
der Panda

djur
die Tiere

elefant
der Elefant

känguru
das Känguruh

noshörning
das Nashorn

gorilla
der Gorilla

björn
der Bär

kamel

das Kamel

struts

der Strauß

lejon

der Löwe

apa

der Affe

flamingo

der Flamingo

papegoja

der Papagei

isbjörn

der Eisbär

pingvin

der Pinguin

haj

der Hai

påfågel

der Pfau

orm

die Schlange

krokodil

das Krokodil

djurskötare

der Zoowärter

säl

die Robbe

jaguar

der Jaguar

zoo - der Zoo

ponny

das Pony

leopard

der Leopard

flodhäst

das Nilpferd

giraff

die Giraffe

örn

der Adler

vildsvin

das Wildschwein

fisk

der Fisch

sköldpadda

die Schildkröte

valross

das Walross

räv

der Fuchs

gazell

die Gazelle

amerikansk fotboll
das American Football

cykling
das Radfahren

tennis
das Tennis

basket
der Basketball

simning
das Schwimmen

boxning
das Boxen

ishockey
das Eishockey

fotboll
der Fußball

badminton
das Badminton

friidrott
die Leichtathletik

handboll
der Handball

skidåkning
das Skilaufen

polo
das Polo

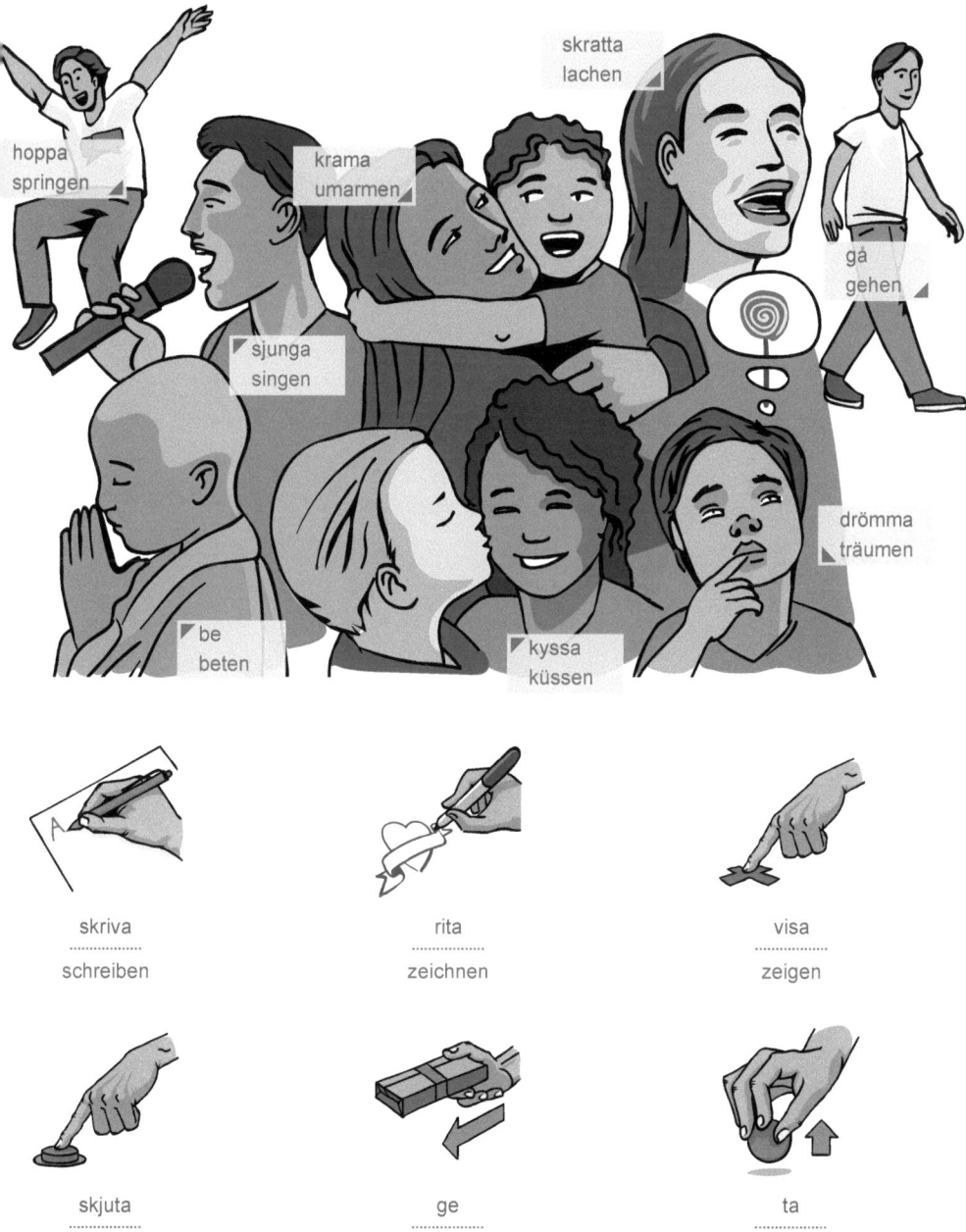

skratta
lachen

hoppa
springen

krama
umarmen

gå
gehen

sjunga
singen

drömma
träumen

be
beten

kyssa
küssen

skriva
schreiben

rita
zeichnen

visa
zeigen

skjuta
drücken

ge
geben

ta
nehmen

hagel

haben

göra

tun

vara

sein

stå

stehen

springa

laufen

dra

ziehen

kasta

werfen

falla

fallen

ligga

liegen

vänta

warten

bära

tragen

sitta

sitzen

klä på

anziehen

sova

schlafen

vakna

aufwachen

aktiviteter - die Aktivitäten

se på

ansehen

gråta

weinen

smeka

streicheln

kamma

kämmen

prata

reden

förstå

verstehen

fråga

fragen

höra

hören

dricka

trinken

äta

essen

städa

aufräumen

älska

lieben

laga mat

kochen

köra

fahren

flyga

fliegen

segla

segeln

räkna

rechnen

läsa

lesen

lära sig

lernen

arbeta

arbeiten

gifta sig

heiraten

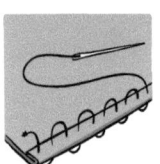

sy

nähen

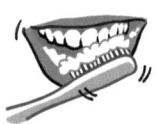

borsta tänderna

Zähne putzen

döda

töten

röka

rauchen

skicka

senden

familj

die Familie

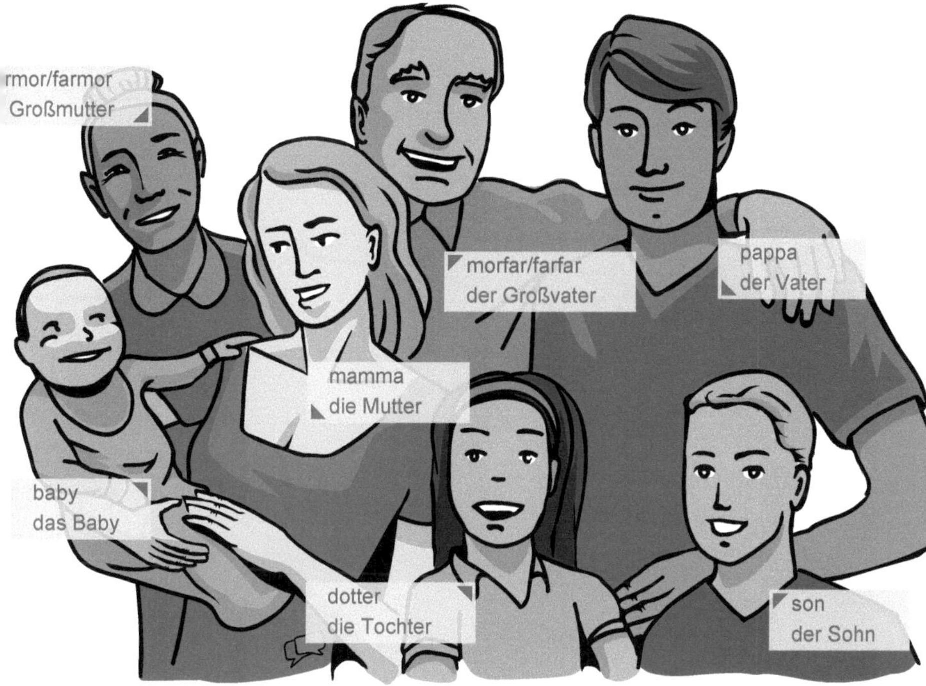
rmor/farmor
Großmutter
morfar/farfar
der Großvater
pappa
der Vater
mamma
die Mutter
baby
das Baby
dotter
die Tochter
son
der Sohn

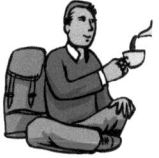

gäst

der Gast

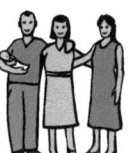

moster/faster

die Tante

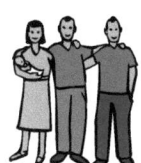

farbror/morbror

der Onkel

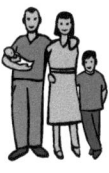

bror

der Bruder

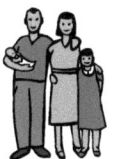

syster

die Schwester

kropp
der Körper

panna
die Stirn
öga
das Auge
skuldra
die Schulter
finger
der Finger
ansikte
das Gesicht
haka
das Kinn
hand
die Hand
ben
das Bein
bröst
die Brust
arm
der Arm

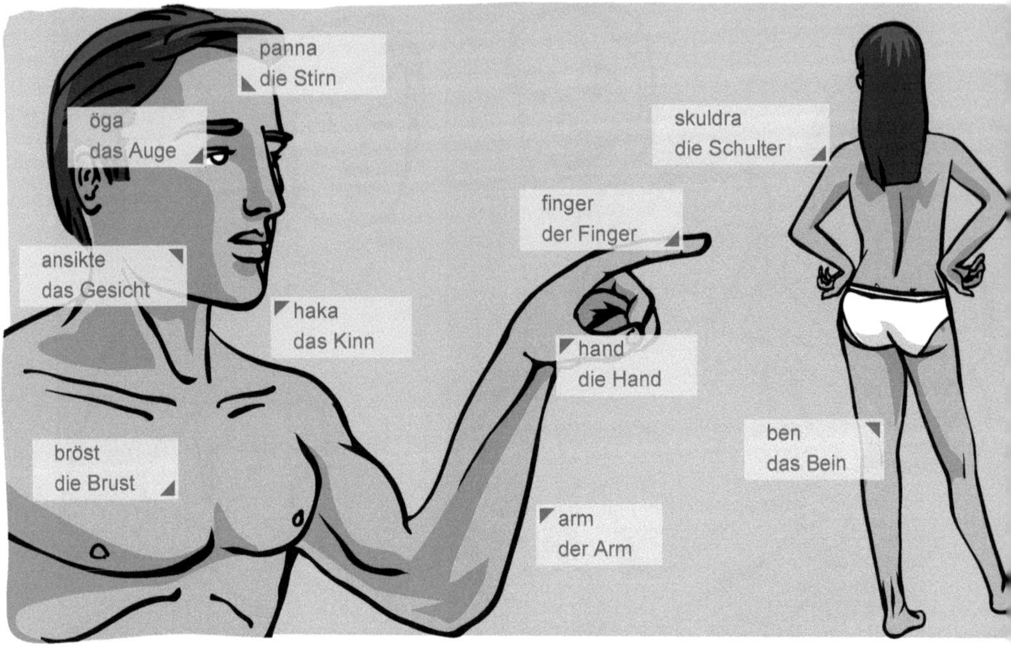

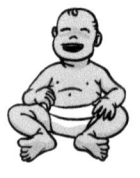

baby

das Baby

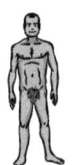

man

der Mann

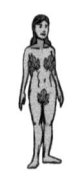

kvinna

die Frau

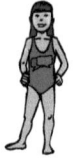

flicka

das Mädchen

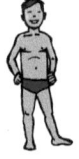

pojke

der Junge

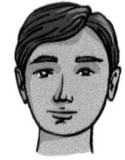

huvud

der Kopf

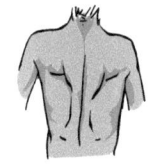

rygg
der Rücken

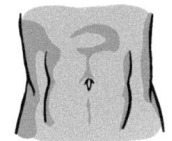

mage
der Bauch

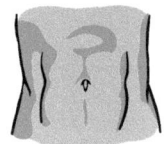

navel
der Nabel

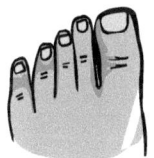

tå
der Zeh

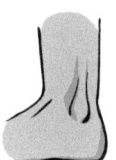

häl
die Ferse

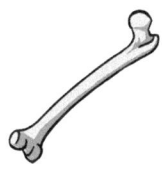

ben
der Knochen

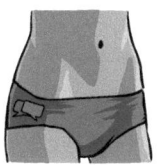

höft
die Hüfte

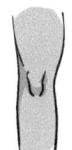

knä
das Knie

armbåge
der Ellenbogen

näsa
die Nase

stjärt
das Gesäß

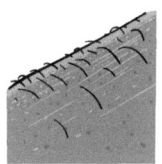

hud
die Haut

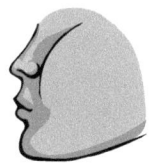

kind
die Wange

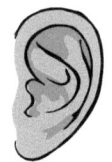

öra
das Ohr

läpp
die Lippe

kropp - der Körper

mun
....
der Mund

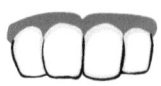

tand
....
der Zahn

tunga
....
die Zunge

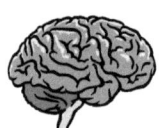

hjärna
....
das Gehirn

hjärta
....
das Herz

muskel
....
der Muskel

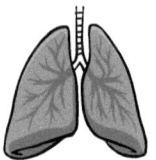

lunga
....
die Lunge

lever
....
die Leber

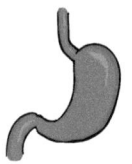

magsäck
....
der Magen

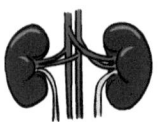

njurar
....
die Nieren

sex
....
der Geschlechtsverkehr

kondom
....
das Kondom

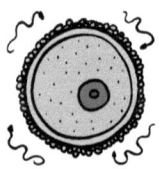

äggcell
....
die Eizelle

sperma
....
das Sperma

graviditet
....
die Schwangerschaft

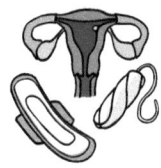

menstruation

die Menstruation

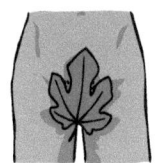

vagina

die Vagina

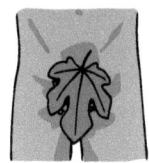

penis

der Penis

ögonbryn

die Augenbraue

hår

das Haar

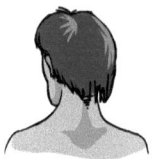

nacke

der Hals

sjukhus
das Krankenhaus

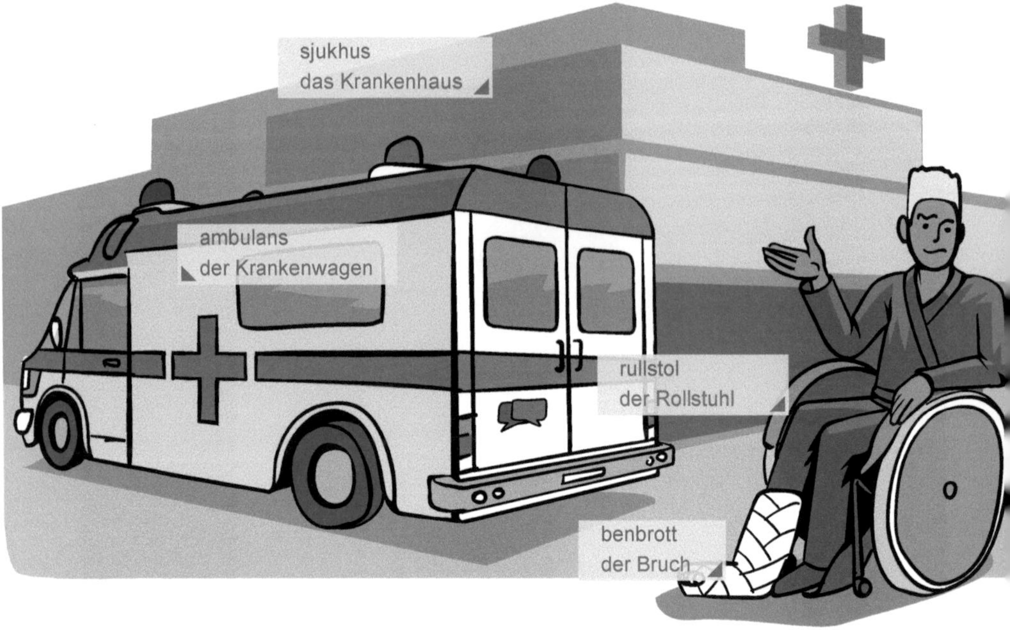

sjukhus
das Krankenhaus
ambulans
der Krankenwagen
rullstol
der Rollstuhl
benbrott
der Bruch

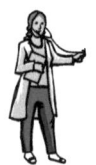

läkare

der Arzt

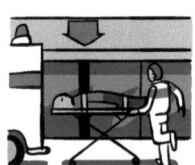

akutmottagning

die Notaufnahme

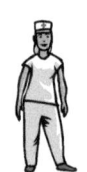

sjuksköterska

die Krankenschwester

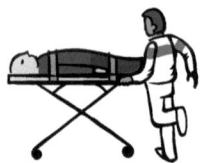

nödsituation

der Notfall

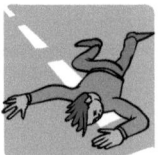

medvetslös

ohnmächtig

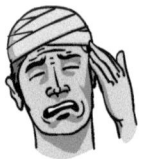

smärta

der Schmerz

skada

die Verletzung

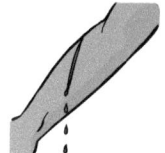

blödning

die Blutung

hjärtattack

der Herzinfarkt

slaganfall

der Schlaganfall

allergi

die Allergie

hosta

der Husten

feber

das Fieber

influensa

die Grippe

diarré

der Durchfall

huvudvärk

die Kopfschmerzen

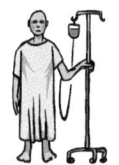

cancer

der Krebs

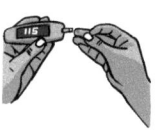

diabetes

die Diabetis

kirurg

der Chirurg

skalpell

das Skalpell

operation

die Operation

CT

das CT

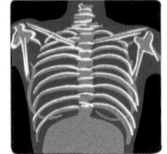

röntgen

das Röntgen

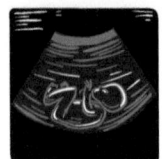

ultraljud

das Ultraschall

ansiktsmask

die Maske

sjukdom

die Krankheit

väntsal

das Wartezimmer

krycka

die Krücke

plåster

das Pflaster

bandage

der Verband

injektion

die Injektion

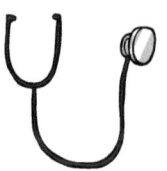

stetoskop

das Stethoskop

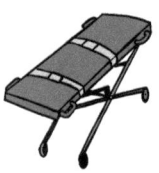

bår

die Trage

termometer

das Thermometer

födsel

die Geburt

övervikt

das Übergewicht

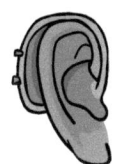

hörapparat

das Hörgerät

desinfektionsmedel

das Desinfektionsmittel

infektion

die Infektion

virus

das Virus

HIV / AIDS

das HIV / AIDS

medicin

die Medizin

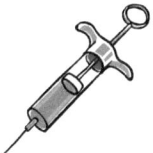

vaccination

die Impfung

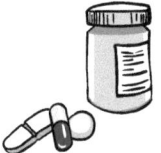

tabletter

die Tabletten

p-piller

die Pille

nödsamtal

der Notruf

blodtrycksmätare

das Blutdruck-Messgerät

sjuk / frisk

krank / gesund

Hjälp!

Hilfe!

alarm

der Alarm

överfall

der Überfall

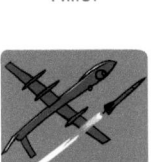

misshandel

der Angriff

fara

die Gefahr

nödutgång

der Notausgang

Det brinner!

Feuer!

brandsläckare

der Feuerlöscher

olycka

der Unfall

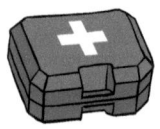

förbandslåda

der Erste-Hilfe-Koffer

SOS

SOS

polis

die Polizei

Europa

das Europa

Nordamerika

das Nordamerika

Sydamerika

das Südamerika

Afrika

das Afrika

Asien

das Asien

Australien

das Australien

Atlanten

der Atlantik

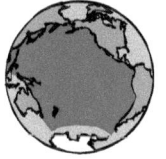

Stilla Havet

der Pazifik

Indiska Oceanen

der Indische Ozean

Antarktiska Oceanen

der Antarktische Ozean

Arktiska Oceanen

der Arktische Ozean

Nordpol

der Nordpol

Sydpol
....
der Südpol

Antarktis
....
die Antarktis

Jorden
....
die Erde

land
....
das Land

hav
....
das Meer

ö
....
die Insel

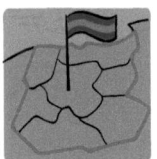

nation
....
die Nation

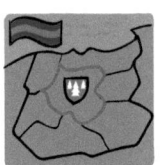

stat
....
der Staat

urtavla

das Zifferblatt

timvisare

der Stundenzeiger

minutvisare

der Minutenzeiger

sekundvisare

der Sekundenzeiger

Vad är klockan?

Wie spät ist es?

dag

der Tag

tid

die Zeit

nu

jetzt

digital klocka

die Digitaluhr

minut

die Minute

timme

die Stunde

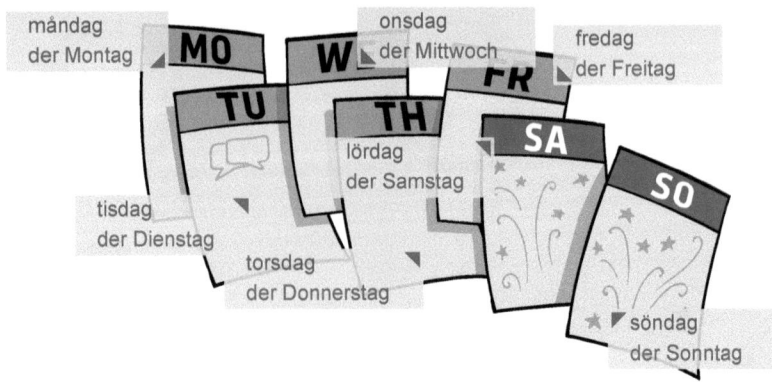

måndag
der Montag

onsdag
der Mittwoch

fredag
der Freitag

tisdag
der Dienstag

lördag
der Samstag

torsdag
der Donnerstag

söndag
der Sonntag

igår
gestern

idag
heute

imorgon
morgen

morgon
der Morgen

middag
der Mittag

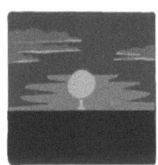

kväll
der Abend

vardagar
die Arbeitstage

helg
das Wochenende

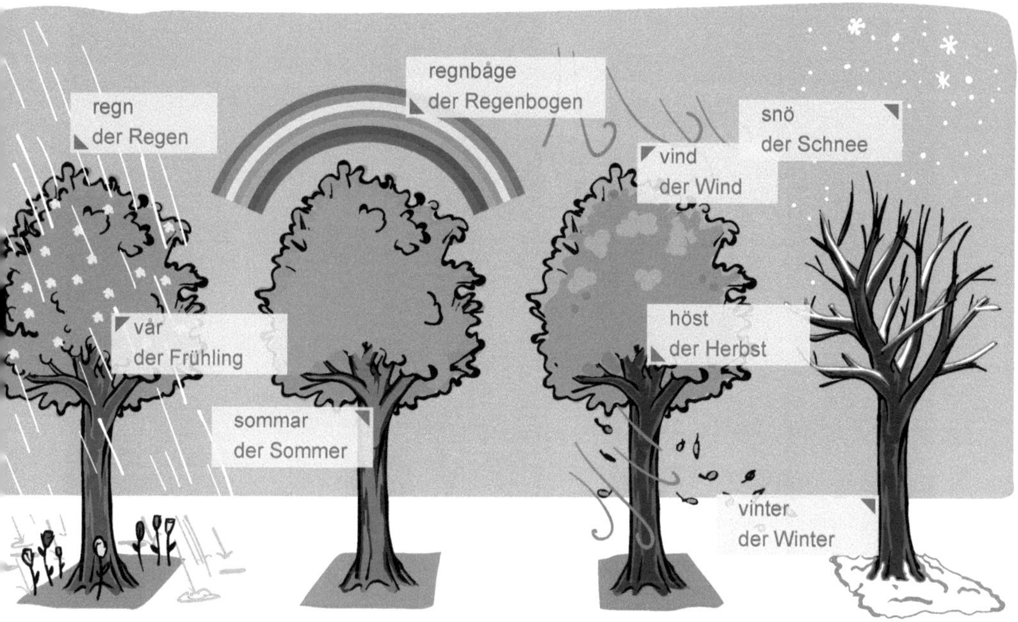

regnbåge
der Regenbogen

regn
der Regen

snö
der Schnee

vind
der Wind

vår
der Frühling

höst
der Herbst

sommar
der Sommer

vinter
der Winter

4.APRIL	11°	☀
5.APRIL	4°	☔
6.APRIL	13°	⛈
7.APRIL	8°	❄
8.APRIL	10°	☀

väderprognos
die Wettervorhersage

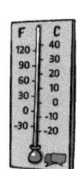

termometer
das Thermometer

solsken
der Sonnenschein

moln
die Wolke

dimma
der Nebel

luftfuktighet
die Luftfeuchtigkeit

blixt
....
der Blitz

åska
....
der Donner

storm
....
der Sturm

hagel
....
der Hagel

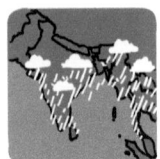

monsun
....
der Monsun

översvämning
....
die Flut

is
....
das Eis

januari
....
der Januar

februari
....
der Februar

mars
....
der März

april
....
der April

maj
....
der Mai

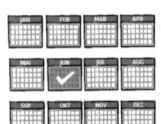

juni
....
der Juni

juli
....
der Juli

augusti
....
der August

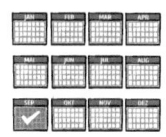

september
....
der September

oktober
....
der Oktober

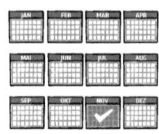

november
....
der November

december
....
der Dezember

former
die Formen

cirkel
....
der Kreis

kvadrat
....
das Quadrat

rektangel
....
das Rechteck

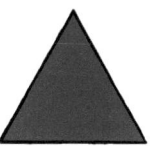

triangel
....
das Dreieck

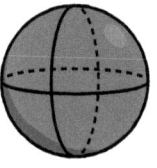

sfär
....
die Kugel

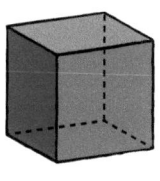

kub
....
der Würfel

vit
....
weiß

gul
....
gelb

orange
....
orange

rosa
....
pink

röd
....
rot

lila
....
lila

blå
....
blau

grön
....
grün

brun
....
braun

grå
....
grau

svart
....
schwarz

mycket / lite

viel / wenig

arg / lugn

wütend / friedlich

vacker / ful

hübsch / hässlich

början / slut

der Anfang / das Ende

stor / liten

groß / klein

ljus / mörk

hell / dunkel

bror / syster

er Bruder / die Schwester

ren / smutsig

sauber / schmutzig

komplett / ofullständig

vollständig / unvollständig

dag / natt

der Tag / die Nacht

död / levande

tot / lebendig

bred / smal

breit / schmal

ätlig / oätlig
genießbar / ungenießbar

ond / god
böse / freundlich

upphetsad / uttråkad
aufgeregt / gelangweilt

tjock / smal
dick / dünn

först / sist
zuerst / zuletzt

vän / fiende
der Freund / der Feind

full / tom
voll / leer

hård / mjuk
hart / weich

tung / lätt
schwer / leicht

hunger / törst
der Hunger / der Durst

sjuk / frisk
krank / gesund

olaglig / laglig
illegal / legal

intelligent / dum
intelligent / dumm

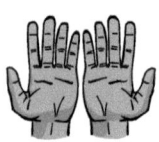

vänster / höger
links / rechts

nära / långt bort
nah / fern

ny / begagnad

neu / gebraucht

inget / något

nichts / etwas

gammal / ung

alt / jung

på / av

an / aus

öppen / stängd

offen / geschlossen

tyst / högljudd

leise / laut

rik / fattig

reich / arm

rätt / fel

richtig / falsch

grov / slät

rau / glatt

ledsen / glad

traurig / glücklich

kort / lång

kurz / lang

långsam / snabb

langsam / schnell

våt / torr

nass / trocken

varm / sval

warm / kühl

krig / fred

der Krieg / der Frieden

0

noll

null

1

ett

eins

2

två

zwei

3

tre

drei

4

fyra

vier

5

fem

fünf

6

sex

sechs

7

sju

sieben

8

åtta

acht

9

nio

neun

10

tio

zehn

11

elva

elf

12

tolv
zwölf

13

tretton
dreizehn

14

fjorton
vierzehn

15

femton
fünfzehn

16

sexton
sechzehn

17

sjutton
siebzehn

18

arton
achtzehn

19

nitton
neunzehn

20

tjugo
zwanzig

100

hundra
hundert

1.000

tusen
tausend

1.000.000

miljon
million

språk
die Sprachen

engelska

Englisch

amerikansk engelska

Amerikanisches Englisch

kinesisk mandarin

Chinesisch Mandarin

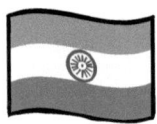

hindi

Hindi

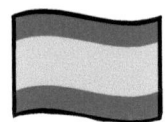

spanska

Spanisch

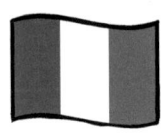

franska

Französisch

arabiska

Arabisch

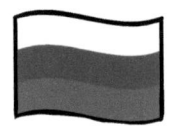

ryska

Russisch

portugisiska

Portugiesisch

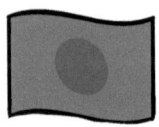

bengali

Bengalisch

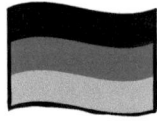

tyska

Deutsch

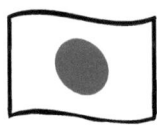

japanska

Japanisch

jag
ich

du
du

han / hon / den (det)
er / sie / es

vi
wir

ni
ihr

de
sie

vem?
wer?

vad?
was?

hur?
wie?

var?
wo?

när?
wann?

namn
Name

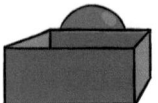

bakom
....
hinter

i
....
in

framför
....
vor

över
....
über

på
....
auf

under
....
unter

bredvid
....
neben

mellan
....
zwischen

plats
....
der Ort